# Yoga Vasishta Sara

Si este libro le ha interesado y desea que lo mantengamos informado de nuestras publicaciones, escríbanos indicándonos cuáles son los temas de su interés (Autoayuda, Espiritualidad, Qigong, Naturismo, Enigmas, Terapias Energéticas, Psicología práctica, Tradición...) y gustosamente lo complaceremos.

Puede contactar con nosotros en
comunicacion@editorialsirio.com

Título original: Yoga Vasishta Sara
Traducido del inglés por Manuel Algora Corbi
Diseño de portada: Editorial Sirio, S.A.

© de la edición original
  1973 Sri Ramanasraman

© de la presente edición
  EDITORIAL SIRIO, S.A.

| EDITORIAL SIRIO, S.A. | NIRVANA LIBROS S.A. DE C.V. | ED. SIRIO ARGENTINA |
|---|---|---|
| C/ Rosa de los Vientos, 64 | Camino a Minas, 501 | C/ Paracas 59 |
| Pol. Ind. El Viso | Bodega nº 8, | 1275- Capital Federal |
| 29006-Málaga | Col. Lomas de Becerra | Buenos Aires |
| España | Del.: Alvaro Obregón | (Argentina) |
|  | México D.F., 01280 |  |

www.editorialsirio.com
E-Mail: sirio@editorialsirio.com

I.S.B.N.: 978-84-7808-889-8
Depósito Legal: MA-738-2013

Impreso en Imagraf

*Printed in Spain*

*Cualquier forma de reproducción, distribución, comunicación pública o transformación de esta obra solo puede ser realizada con la autorización de sus titulares, salvo excepción prevista por la ley. Dirijase a CEDRO (Centro Español de Derechos Reprográficos, www.cedro.org) si necesita fotocopiar o escanear algún fragmento de esta obra.*

Clásicos Advaitas

# Yoga Vasishta Sara

La esencia del Yoga Vasishta

# PRÓLOGO

*El Brihat* [el Grande] *Yoga Vasishta* o *Yoga Vasishta Maha Ramayana,* como también se le ha llamado, es una obra de unos treinta y dos mil versos sánscritos, tradicionalmente atribuida a Valmiki, el autor del Ra*maya*na. Se trata de un diálogo entre el sabio Vasishta y Sri Rama, en el que se expone, con la ayuda de historias ilustrativas intercaladas, el *Advaita* [o doctrina de la no dualidad] en su pura forma de *ajatavada* [teoría del no origen]. Esta gran obra fue abreviada hace varios siglos por Abhinanda Pandita, un maestro de Cachemira, quien la comprimió en unos seis mil versos, tras lo que tomó el nombre de *Laghu Yoga Vasishta,* que puede ser considerado una obra maestra, al igual que el original *Brihat.*

Bhagavan Sri Ramana Maharshi acostumbraba a referirse frecuentemente al *Yoga Vasishta* e incluso incorporó siete de sus versículos al Suplemento a los *Cuarenta versos* [números 21 al 27].

Posteriormente, un autor desconocido, hace ya mucho tiempo, lo redujo a unos doscientos treinta versículos, divididos en diez capítulos, y lo denominó *Yoga Vasishta Sara* [*La esencia del Yoga Vasishta*], traducido aquí por primera vez a nuestro idioma. Gracias a esta última condensación, se rindió un gran servicio a todos los buscadores. Se puede considerar esta pequeña obra como de un valor incalculable.

# CAPÍTULO UNO

# Desapasionamiento

1. Saludemos a esa calma, resplandor que es interminable e ilimitada por espacio, tiempo, etcétera, la pura Conciencia que solo puede ser conocida por la experiencia.

2. Ni el que es totalmente ignorante ni quien la conoce [la Verdad] son candidatos al estudio de este libro. Solo aquel que piensa: "Estoy esclavizado; debo llegar a ser libre" es apto para estudiarlo.

3. Hasta que uno sea claramente bendecido por el Señor Supremo, no hallará un gurú apropiado o la escritura correcta.

4. Igual que una barca estable, oh Rama, la consigue el barquero, así también el método para cruzar el océano del *samsara* se aprende asociándose con las grandes almas.

5. El gran remedio para la enfermedad largo tiempo mantenida del *samsara* es la investigación "¿quién soy yo?, ¿a quién pertenece este *samsara*?", que la cura por entero

6. No debería pasarse ni un solo día en un lugar que no posea el árbol de un sabio conocedor de la Verdad, con su buen fruto y su sombra fresca.

7. Hay que acercarse a los sabios, incluso si no enseñan. Hasta su charla ligera contiene sabiduría.

8. La compañía de los sabios convierte el vacío en plenitud, la muerte en inmortalidad y la adversidad en prosperidad.

9. Si a los sabios solo les preocupase su propia felicidad, ¿dónde podrían buscar refugio los que están atormentados por los pesares del *samsara*?

10. Lo que se imparte, oh alma buena, a un discípulo digno que se ha vuelto desapasionado es la sabiduría real; es el significado real de los textos sagrados así como la sabiduría comprensiva.

11. Seguir el método acostumbrado de enseñanza solo se hace para conservar la tradición. El puro darse cuenta resulta solamente de la claridad de entendimiento del discípulo.

12. El Señor no puede verse con la ayuda de los textos sagrados o del gurú. El Ser solo es visto por el Ser, con el intelecto puro.

## CAPÍTULO UNO

13. Todas las artes adquiridas por los hombres se pierden con la falta de práctica, pero este arte de la sabiduría crece persistentemente una vez que surge.

14. Igual que un ornamento alrededor del cuello se considera perdido cuando se olvida, y se recobra cuando se comprende el error, así también el Ser se alcanza [cuando la ilusión es eliminada] por las palabras del gurú.

15. Es en verdad una persona desgraciada la que, no conociendo su propio Ser, se place en los objetos sensoriales, como el que comprende demasiado tarde que los alimentos que ha ingerido estaban envenenados.

16. Ese hombre perverso que, tras saber que los objetos mundanos son engañosos, todavía piensa en ellos es un asno, no un hombre.

17. Hasta el más ligero pensamiento sumerge al hombre en el pesar; cuando está vacío de todos los pensamientos, goza de una beatitud imperecedera.

18. Igual que experimentamos la ilusión de cientos de años en un sueño que dura una hora, así también experimentamos la broma de *maya* en nuestro estado despierto.

19. Feliz el hombre cuya mente es en su interior fría y libre del apego y el odio, y que contempla [este mundo] como un mero espectador.

20. Aquel que ha comprendido bien cómo abandonar todas las ideas de aceptación y rechazo, y que ha realizado la

Conciencia que se halla dentro del corazón más interno, la vida de aquel es ilustre.

21. A la disolución del cuerpo, solo el éter [la Conciencia] limitado por el corazón [*hrdayam*] deja de existir. La gente lamenta innecesariamente que el Ser se extinga.

22. Cuando las vasijas, etcétera, se rompen, el espacio de su interior deviene ilimitado. Así también, cuando los cuerpos dejan de existir, el Ser permanece eterno y desapegado.

23. Nada nace o muere en ninguna parte en ningún momento. Es solo Brahmán que aparece ilusoriamente bajo la forma del mundo.

24. El Ser es más extenso que el espacio; es puro, sutil, incorruptible y propicio. Siendo así, ¿cómo podría nacer y cómo podría morir?

25. Todo esto es el tranquilo Uno sin comienzo, medio ni fin, que no puede decirse que sea existente o no existente. Sabe esto y sé feliz.

26. Oh Rama, es en verdad más noble vagar mendigando por las calles de los parias [*chandalas*], con un cuenco de arcilla en la mano, que vivir una vida impregnada de ignorancia.

27. Ni la enfermedad, ni el veneno, ni la adversidad, ni ninguna otra cosa del mundo causa más sufrimiento a los hombres que la estupidez engendrada en sus cuerpos.

# CAPÍTULO DOS
## Irrealidad del mundo

1. Igual que el gran océano de leche se calmó cuando la montaña Mandara [con la que fue agitado por los *devas* y los *asuras*] se calmó, así también la ilusión del *samsara* llega a su fin cuando la mente se calma.

2. *Samsara* surge cuando la mente se vuelve activa y cesa cuando está en calma. Calmad pues la mente, controlando la respiración y los deseos latentes [*vasanas*].

3. Este *samsara* sin valor [lit. quemado] nace de nuestra imaginación, y se desvanece en ausencia de imaginación. La verdad es que es absolutamente insustancial.

4. La idea de una serpiente [viva] en el cuadro de una serpiente deja de ser mantenida cuando se conoce la verdad. Similarmente, *samsara* deja de existir [cuando se comprende la Verdad], incluso si sigue apareciendo.

5. Este fantasma de un *samsara*, de larga vida, que es la creación de la mente engañada del hombre y la causa de sus sufrimientos, desaparece cuando se reflexiona sobre él.

6. Oh Rama, *maya* es tal que trae el deleite con su propia destrucción; deja de existir incluso mientras es observado.

7. Querido muchacho, maravilloso en verdad es este *maya* que engaña al mundo entero. Por su causa el Ser no es percibido, aunque permea todos los miembros del cuerpo.

8. Todo lo que se ve no existe verdaderamente. Es como la ciudad mítica de los gandharvas [fata morgana] o como un espejismo.

9. Aquello que no se ve, aunque se halle dentro de nosotros, es llamado el Ser eterno e indestructible.

10. Igual que los árboles de la ribera de un lago se reflejan en el agua, así también todos estos objetos variados se reflejan en el vasto espejo de nuestra Conciencia.

11. Esta creación, que es un mero juego de la Conciencia, surge como la ilusión de una serpiente en una cuerda [cuando hay ignorancia] y llega a su fin cuando existe el conocimiento correcto.

12. Aunque la esclavitud no existe realmente, se fortalece por el deseo de gozos mundanos; cuando este deseo disminuye, la esclavitud se debilita.

## CAPÍTULO DOS

13. Como olas surgidas del océano, la mente inestable nace de la vasta y estable extensión del Ser Supremo.

14. Es a causa de aquello por lo que, por su propia cuenta, imagina [todo] rápida y libremente, por lo que este espectáculo mágico [del mundo] es proyectado en el estado de vigilia.

15. Este mundo, aunque irreal, parece existir y es la causa del sufrimiento de toda una vida para la persona ignorante, igual que un fantasma [no existente es causa de temor] para un niño.

16. Quien no entiende de oro solo ve el brazalete. No tiene ni idea de que es únicamente oro.

17. Similarmente ciudades, casas, montañas, serpientes, etcétera, son todas a los ojos del hombre ignorante objetos separados. Desde un punto de vista absoluto, este [mundo objetivo] es el sujeto [el Ser] mismo; no está separado [del Ser].

18. El mundo está lleno de desgracias para un hombre ignorante y lleno de dicha para un hombre sabio. El mundo es oscuro para un ciego y brillante para uno que tiene ojos.

19. La dicha de un hombre de discriminación, que ha rechazado el *samsara* y descartado todos los conceptos mentales, aumenta constantemente.

20. Como nubes que de repente aparecen en el cielo claro e igual de repente se disuelven, el universo entero [aparece] en el Ser [y se disuelve en él].

21. Aquel que no reconoce los rayos como diferentes del sol, y comprende que son el sol mismo, se dice que es *nirvikalpa* [el hombre no diferenciador].

22. Igual que la tela, cuando se investiga, se ve que no es sino hebras, así también este mundo, cuando se investiga, [se ve que] es meramente el Ser.

23. Este mundo fascinante surge como una ola en el océano ambrosíaco de la Conciencia y en él se disuelve. ¿Cómo, pues, puede ser diferente, de ella [esto es, la Conciencia] en su medio [esto es, cuando aparece]?

24. Igual que la espuma, las olas, el rocío y las burbujas no son diferentes del agua, así este mundo que ha surgido del Ser no es diferente del Ser.

25. Igual que un árbol consistente en frutos, hojas, zarcillos, flores, ramas, capullos y raíces existe en la semilla del árbol, así este mundo manifestado existe en Brahmán.

26. Igual que la vasija [finalmente] vuelve al barro, las olas al agua y los ornamentos al oro, así también este mundo que ha surgido del Ser [finalmente] vuelve al Ser.

27. La serpiente aparece cuando uno no reconoce la cuerda y desaparece cuando uno reconoce la cuerda. Del mismo

modo, este mundo aparece cuando el Ser no es reconocido y desaparece cuando el Ser es reconocido.

28. Es solo nuestro olvido del Ser invisible el que hace aparecer el mundo, igual que [la ignorancia de] la cuerda [hace aparecer] la serpiente.

29. Igual que el sueño deviene irreal en el estado de vigilia y el estado de vigilia en el sueño, así también la muerte deviene irreal en el nacimiento y el nacimiento en la muerte.

30. Todos estos, por tanto, no son ni reales ni irreales. Son el efecto del engaño, mera impresión que surge de algunas experiencias pasadas.

# CAPÍTULO TRES

## Las señales que identifican a una persona liberada (*jivan mukta*)

1. El conocimiento del Ser es el fuego que quema la hierba seca del deseo. Esto es en verdad lo que se llama *samadhi*, no la mera abstención del habla.

2. Aquel que comprende que todo el universo no es realmente sino Conciencia y permanece calmado es protegido por la armadura de Brahmán; es feliz.

3. El yogui que ha conseguido el estado que está más allá de todo y permanece siempre frío como la luna llena es verdaderamente el Señor Supremo.

4. Aquel que reflexiona en su corazón más interno el sentido de los Upanishads que tratan de Brahmán, y al que no conmueven el gozo y el pesar, no es atormentado por el *samsara*.

5. Igual que pájaros y bestias no buscan cobijo en una montaña en llamas, así también a un conocedor de Brahmán nunca se le ocurren malos [pensamientos].

6. Los sabios también, al igual que los necios, [ocasionalmente] encolerizan a otras personas, [pero solo lo hacen] a fin de probar su capacidad para controlar sus sentimientos innatos [es decir, para ver hasta dónde la cólera de otras personas les puede afectar].

7. Igual que el temblor [del cuerpo] causado por la serpiente [imaginaria] persiste [durante algún tiempo] incluso tras comprender que no hay serpiente, así también el efecto del engaño persiste [durante algún tiempo] incluso tras liberarse de todos los engaños.

8. Igual que un cristal no se mancha por lo que se refleja en él, así un conocedor de la Verdad no se ve realmente afectado por el resultado de sus actos.

9. Incluso cuando se ocupa de las acciones exteriores [el conocedor de la Verdad] permanece siempre introvertido y extremadamente calmado, como quien está dormido.

10. Firmemente convencidos de la no dualidad y gozando de una perfecta paz mental, los yoguis hacen su trabajo viendo el mundo como si fuera un sueño.

11. Que la muerte le llegue [al conocedor de la Verdad] hoy o al final de los eones; él permanece sin oxidarse como oro enterrado en fango.

12. Él puede arrojar su cuerpo en *kashi* o en la casa de un paria [lit. uno que cocina carne de perro]. Él, aquel que carece de deseos, está liberado en el momento mismo en que consigue el conocimiento [de Brahmán].

13. Para quien carece de deseos la Tierra, oh Rama, es [tan insignificante] como la huella dejada por la pezuña de una vaca; el monte Meru, un montículo el espacio, tanto como el contenido en una cesta, y los tres mundos, como una brizna de hierba.

14. Como una vasija vacía en el espacio, [el conocedor de la Verdad] está vacío tanto por dentro como por fuera, y al mismo tiempo está lleno dentro y fuera, como una vasija inmersa en el océano.

15. Aquel a quien ni gustan ni disgustan los objetos que ve, y que actúa [en el mundo] como quien está dormido, se dice que es una persona liberada.

16. Aquel que está libre de los nudos [de los deseos], y cuyas dudas han sido puestas a descansar, está liberado incluso mientras se halla en el cuerpo [*jivan mukta*]. Aunque parezca estar atado, es libre. Permanece como una lámpara en un cuadro.

17. Aquel que ha eliminado fácilmente [lit. como en un juego] todas sus tendencias egoístas, y ha abandonado incluso el objeto de meditación, se dice que está liberado incluso mientras se encuentra en el cuerpo.

18. Aquel que, como un ciego, no reconoce [lit. deja muy atrás] a sus familiares, que teme al apego como a una serpiente, que considera por igual los gozos de los sentidos y las enfermedades, que valora la compañía de las mujeres tanto como una brizna de hierba, y que no ve distinción entre un amigo y un enemigo, experimenta la felicidad en este mundo y en el siguiente.

19. Aquel que arroja de su mente todos los objetos de percepción y, adquirida la perfecta quiescencia, permanece quieto como el espacio, sin verse afectado por el pesar, es un hombre liberado; no importa si practica o no la meditación o si ejecuta o no una acción.

20. La idea del Ser en el no Ser es esclavitud. El abandono de esa idea es liberación. No hay ni esclavitud ni liberación para el Ser siempre libre.

21. Si, percibiendo que los objetos de percepción no existen realmente, la mente se libera por completo [de esos objetos], se sigue de ello la dicha suprema de la liberación.

22. El abandono de todas las tendencias latentes se dice que es la mejor [esto es, real] liberación del sabio; es también el método sin falta [para conseguir la liberación].

23. La liberación no se encuentra al otro lado del cielo, ni en el infierno, ni sobre la tierra; la extinción de la mente que resulta de la erradicación de todos los deseos se considera liberación.

# CAPÍTULO TRES

24. Oh Rama, no hay intelecto, no hay ignorancia, no hay mente y no hay alma individual [*jiva*]. Todo ello es imaginado en Brahmán.

25. Para quien está establecido en lo que es infinito, Conciencia pura, beatitud y no dualidad sin cualificar, ¿dónde está el dilema de la esclavitud o la liberación, puesto que no hay una segunda entidad?

26. Oh Rama, la mente, por su propia actividad, se ha esclavizado a sí misma; cuando está en calma es libre.

# CAPÍTULO CUATRO
# La disolución de la mente

1. La Conciencia, que no está dividida, se imagina objetos deseables y corre tras ellos. Es entonces conocida como la mente.

2. De este Señor Supremo omnipresente y omnipotente surgió, como rizos en el agua, el poder de imaginar objetos separados.

3. Igual que el fuego nacido del viento [aventado a llama] es extinguido por el mismo viento, así también aquello que nace de la imaginación es destruido por la imaginación misma.

4. La mente ha llegado a la existencia a través de esta [la imaginación] a causa del olvido. Como la experiencia de nuestra muerte en un sueño, deja de existir cuando se la escruta.

5. La idea del Ser en lo que no es el Ser se debe a una comprensión errónea. La idea de la realidad en lo que es irreal sabe, oh Rama, que es la mente [*chittam*].

6. "Esto es él", "yo soy esto", "eso es mío", tales [ideas] constituyen la mente; ella desaparece cuando se reflexiona sobre estas falsas ideas.

7. Es de la naturaleza de la mente aceptar ciertas cosas y rechazar otras; esto es esclavitud, nada más.

8. La mente es el creador del mundo; la mente es el individuo [*purusha*]; solo aquello que hace la mente se considera hecho, no lo que hace el cuerpo. El brazo con el que abrazamos a la esposa es el mismo brazo con el que abrazamos a la hija.

9. La mente es la causa de [es decir, produce] los objetos de percepción. Los tres mundos dependen de ella. Cuando se disuelve, el mundo también se disuelve. Ha de ser curada [esto es, purificada] con esfuerzo.

10. La mente es esclavizada por las impresiones latentes [*vasanas*]. Cuando no hay impresiones, es libre. Por consiguiente, oh Rama, lleva a cabo rápidamente, a través de la discriminación, el estado en el que no hay impresiones.

11. Igual que una nube ensucia [es decir, parece ensuciar] la luna o una mancha de tinta, una pared enyesada, así el mal espíritu del deseo mancha al hombre interior.

# CAPÍTULO CUATRO

12. Oh Rama, aquel que, con mente introvertida, ofrece los tres mundos, como hierba seca, en oblación al fuego del conocimiento deviene libre de las ilusiones de la mente.

13. Cuando uno conoce la verdad real acerca de la aceptación y el rechazo, y no piensa en nada sino que mora en sí mismo, abandonándolo todo, [su] mente no viene a la existencia.

14. La mente es terrible [*ghoram*] en el estado de vigilia, gentil [*santam*] en el estado de sueño, embotada [*muham*] en el sueño profundo y muerta cuando no se halla en ninguno de estos tres estados.

15. Igual que el polvo de la semilla *kataka*, tras precipitar sus inmundicias en el agua, se mezcla con ella, así la mente [tras eliminar todas las impresiones] se mezcla [en el Ser].

16. La mente es *samsara*; también se dice que la mente es esclavitud, y el cuerpo es activado por la mente igual que un árbol es agitado por el viento.

17. Conquista primero tu mente, presionando palma con palma, mordiendo diente con diente y torciendo los miembros con los miembros.

18. ¿No se avergüenza el necio de vagar por el mundo a su antojo y hablar de la meditación, cuando no es capaz siquiera de conquistar la mente?

19. El único dios que se ha de conquistar es la mente. Su conquista conduce a la consecución de todo. Sin su conquista todos los otros esfuerzos son estériles.

20. Carecer de perturbación es el fundamento del bendito [Sri]. Así se consigue la liberación. Para los seres humanos, incluso la conquista de los tres mundos, sin la conquista de la mente, es tan insignificante como una brizna de hierba.

21. Asociación con los sabios, abandono de las impresiones latentes, investigación de uno mismo, control de la respiración; estos son los medios de conquistar la mente.

22. Para quien va calzado con cuero, la Tierra es como si estuviese cubierta de cuero. Del mismo modo, para la mente llena [esto es, no dividida] el mundo rebosa de néctar.

23. La mente se esclaviza pensando: "No soy Brahmán"; se libera completamente pensando: "Soy Brahmán".

24. Cuando se abandona [esto es, se disuelve] la mente, todo lo que es dual o único se disuelve. Lo que queda después de eso es el Brahmán Supremo, pacífico, eterno y libre de la miseria.

25. No hay nada que iguale el gozo supremo sentido por una persona de mente pura que ha alcanzado el estado de Conciencia pura y superado la muerte.

# CAPÍTULO CINCO

## La destrucción de las impresiones latentes

1. Oh Rama, esta investigación del Ser, del tipo "¿quién soy yo?", es el fuego que quema las semillas del mal árbol que es la mente.

2. Igual que el viento no afecta a los marcos de un cuadro, así las aflicciones no afectan a aquellos cuyo entendimiento está fortalecido por la firmeza y [siempre] se refleja en el espejo de la investigación.

3. Los conocedores de la Verdad declaran que la investigación sobre la Verdad del Ser es conocimiento. Lo que ha de ser conocido se halla en él contenido como la dulzura en la leche.

4. Para quien ha realizado el Ser por investigación, Brahma, Vishnu y Shiva son objetos de compasión.

5. Para quien gusta de preguntarse [constantemente] "¿qué es este vasto universo?" y "¿quién soy yo?", este mundo deviene muy irreal.

6. Igual que en un espejismo la idea del agua no se le ocurre a quien sabe [que es un espejismo], así las impresiones latentes no surgen en uno cuya ignorancia ha sido destruida al comprender que todo es Brahmán.

7. Por el abandono de las impresiones latentes o por el control de la respiración, la mente deja de ser la mente. Practica lo que quieras.

8. Oh alma pura, estima la asociación con los sabios y las verdaderas escrituras; conseguirás el estado de Conciencia Suprema no en el curso de meses, sino de días.

9. Las impresiones latentes dejan de ser activas cuando uno se asocia con los sabios, descarta todos los pensamientos del *samsara* y recuerda que el cuerpo tiene que morir.

10. Oh Raghava, incluso las personas ignorantes convierten, por la firmeza de su convicción, el veneno en néctar y el néctar en veneno.

11. Cuando se considera real este cuerpo, sirve al propósito de un cuerpo, pero cuando se considera irreal, deviene como el espacio [esto es, insustancial].

# CAPÍTULO CINCO

12. Oh Rama, mientras yaces en una cama blanda vagas en todas direcciones con un cuerpo de sueños; pero ahora [en este estado de vigilia] ¿dónde está ese cuerpo?

13. Igual que un hombre respetable evita el contacto con una mujer paria que transporta carne de perro, así uno debería rechazar el pensamiento "soy el cuerpo", incluso si se perdiera todo.

14. Cuando el aspirante [sadhu] piensa solo en Brahmán y permanece calmado y libre de lamentos, su egoísmo muere por si solo.

15. Si uno comprende la unidad de las cosas en todas partes, siempre permanece tranquilo, interiormente frío y puro como el espacio sin el sentimiento de yo.

16. Si interiormente uno está frío, el mundo entero estará frío, pero si interiormente uno está caliente [esto es, agitado], el mundo entero será una masa ardiente.

# CAPÍTULO SEIS
# La meditación sobre el Ser

1. Yo, la Conciencia pura, sin mancha e infinita más allá de *maya*, veo este cuerpo en acción como el cuerpo de otro.

2. La mente, el intelecto, los sentidos, etcétera, son todos un juego de la Conciencia. Son irreales y parecen existir solo debido a la falta de discernimiento.

3. Sin que me conmueva la adversidad, amigo de toda prosperidad del mundo, sin ideas de existencia y no existencia, vivo libre de la miseria.

4. Inactivo soy, carente de deseos, claro como el cielo, libre de ansias, tranquilo, sin forma, eterno e inmutable.

5. Ahora he entendido claramente que los cinco elementos, los tres mundos y yo mismo somos Conciencia pura.

6. Estoy por encima de cualquier cosa; estoy presente en todas partes; soy como el espacio; soy aquello que [realmente] existe; soy incapaz de decir nada más allá de esto.

7. Que las imaginarias olas del universo se eleven o caigan en mí, que soy el océano de Conciencia infinita; no hay en mí aumento o disminución.

8. Qué maravilloso que en mí, el océano infinito de la Conciencia, oleadas de *jivas* [almas individuales] surjan, jueguen durante un tiempo y desaparezcan de acuerdo con su naturaleza.

9. El mundo que ha venido a la existencia a causa de mi ignorancia, igualmente se ha disuelto en mí. ¡Ahora experimento directamente el mundo como la beatitud suprema de la Conciencia.

10. Me postro ante mí, que estoy dentro de todo ser, el Ser siempre libre que mora como Conciencia interna.

## CAPÍTULO SIETE
## El método de purificación

1. Oh Raghava, sé externamente activo pero interiormente inactivo, exteriormente un hacedor pero interiormente un no hacedor, y representa así tu papel en el mundo.

2. Oh Raghava, abandona todos los deseos interiormente, libérate de los apegos e impresiones latentes, hazlo todo exteriormente, y representa así tu papel en el mundo.

3. Oh Raghava, adopta un punto de vista comprensivo, caracterizado por el abandono de todos los objetos de contemplación, vive en tu Ser innato, liberado incluso mientras estás vivo [*jivanmukta*], y representa así tu papel en el mundo.

4. Quema el bosque de la dualidad con el fuego de la convicción "yo soy la Conciencia pura única", y permanece feliz.

5. Estás atado firmemente por todas partes por la idea "soy el cuerpo". Corta la atadura con Ca espada del conocimiento "soy conciencia" y sé feliz.

6. Rechazando el apego al no Ser, considerando al mundo como carente de partes [total], concentrado y con la atención dirigida hacia el interior, permanece como Conciencia pura.

7. Permanece siempre como Conciencia pura, que es tu naturaleza constante [esto es, verdadera] mas allá de los estados de vigilia, sueño y sueño profundo.

8. Oh poderoso, sé siempre libre de los conceptos mentales como el corazón de una roca, aunque no insensible como ella.

9. No seas aquello que es entendido ni aquel que entiende; abandona todos los conceptos y permanece siendo lo que eres.

10. Elimina un concepto por otro y la mente por la mente, y mora en el Ser. ¿Es esto tan difícil, oh hombre santo?

11. Corta la mente, que por sus preocupaciones se ha puesto al rojo vivo, con la mente, que es como hierro aguzado por el estudio de las escrituras.

## CAPÍTULO SIETE

12. Oh Raghava, ¿qué has de hacer con este cuerpo inerte y mudo? ¿Por qué te sientes desvalido y desgraciado por gozos y pesares a causa de él?

13. ¡Qué vasta diferencia entre la carne, la sangre, etcétera, [que componen el cuerpo] y tú, la encarnación de la Conciencia! ¿Por qué, incluso tras saber esto, no abandonas la idea del Ser en este cuerpo?

14. El mero conocimiento de que este cuerpo es como un trozo de madera o un puñado de tierra le permite a uno realizar el Ser Supremo.

15. Qué extraño que, mientras el Brahmán real es olvidado por los hombres, el irreal, llamado *avidya* [ignorancia] es firmemente mantenido por ellos [lit. se les enfrenta con fuerza].

16. También es extraño que mientras el Brahmán supremo es olvidado por los hombres, la idea "esto es mío" es firmemente mantenido por ellos.

17. Cuando hagas tu trabajo, hazlo sin apego, igual que un cristal refleja los objetos que se encuentran ante él [pero no se ve afectado por ellos].

18. La convicción de que todo es Brahmán lo conduce a uno a la Liberación. Rechaza por tanto enteramente la idea de dualidad, que es ignorancia. Recházala enteramente.

# CAPÍTULO OCHO
## La adoración del Ser

1. Si te separas del cuerpo y moras con facilidad en la Conciencia, devendrás uno [la única Realidad], apareciendo todo lo demás [insignificante] como hierba.

2. Tras conocer aquello por lo cual conoces este [mundo], vuelve la mente hacia dentro y entonces verás claramente, esto es, realizarás la refulgencia del Ser.

3. Oh Raghava, aquello por medio de lo cual reconoces sonido, sabor, forma y olor, sabe que es tu Ser, el Brahmán Supremo, el Señor de señores.

4. Oh Raghava, aquello en lo que vibran los seres, aquello que los crea, sabe que ese Ser es tu Ser real.

5. Tras rechazar, a través del razonamiento, todo lo que puede ser conocido como "no verdad", lo que queda como Conciencia pura considéralo tu Ser real.

6. El conocimiento no está separado de ti, y aquello que es conocido no está separado del conocimiento. De aquí que no haya sino el Ser, y nada haya separado [de él].

7. "Todo lo que Brahma, Vishnu, Siva, Indra y otros hacen siempre, es hecho por mí, la encarnación de la Conciencia"; piensa de esta manera.

8. "Soy todo el universo. Soy el incorruptible Ser Supremo. No hay pasado ni futuro aparte de mí"; reflexiona de esta forma.

9. "Todo es el Brahmán Único, la Conciencia pura, el Ser de todo, indivisible e inmutable"; reflexiona de este modo.

10. "No hay ni yo ni ninguna otra cosa. Solo Brahmán existe, siempre lleno de beatitud por todas partes"; medita calmadamente sobre esto.

11. El sentido de perceptor y percibido es común a todos los seres encarnados, pero el yogui adora al Ser Único.

# CAPÍTULO NUEVE
# Exposición del Ser

1. Cuando este conjunto de cuerpo, sentidos, etcétera, actúa por su propia cuenta, surge la idea "yo soy esto". Este es el *jiva* [ego] manchado por la suciedad de la ignorancia.

2. Cuando deviene firme la convicción de que todo es la Conciencia semejante al espacio [es decir, que todo lo permea], el *jiva* llega a su fin como una lámpara sin aceite.

3. Como un brahmín descarriado, que abandona su propia nobleza y adopta la vía de un *sudra*, así el Señor asume el papel del *jiva*.

4. Igual que un niño ve una aparición [creada por su propia fantasía], así también el estúpido *jiva* crea, a causa del engaño, este cuerpo irreal, y lo ve [como separado de sí mismo].

5. Un niño sobreimpone un elefante [real] sobre un elefante de barro, y juega con él; del mismo modo, un hombre ignorante sobreimpone el cuerpo, etcétera, sobre el Ser y lleva a cabo sus actividades.

6. El cuadro de una serpiente no hace que se tema a una serpiente cuando se comprende que es solo un cuadro. Del mismo modo, cuando la serpiente del *jiva* se entiende claramente, no hay ni aflicción ni causa para la aflicción.

7. La serpiente sobreimpuesta a una guirnalda se mezcla con ella; así también el sentido de separación que surge del Ser se mezcla con el Ser.

8. Aunque los brazaletes, etcétera, parecen ser muchos, como oro son uno solo. Similarmente, aunque los añadidos son muchos, el Ser es realmente uno.

9. Como los órganos del cuerpo y las modificaciones de la arcilla [esto es, las vasijas de arcilla], la no dualidad aparece como dualidad [es decir, multiplicidad] en la forma de los objetos móviles e inmóviles.

10. Igual que una sola cara es reflejada como muchas en un cristal, en el agua o en un espejo, así también el Ser [único] se refleja en los [muchos] intelectos [o mentes].

11. Igual que el cielo es [es decir, parece ser] manchado por el polvo, el humo y las nubes, así también el Ser puro, en contacto con las cualidades de *maya* es [es decir, parece ser] manchado por ellas.

## CAPÍTULO NUEVE

12. Igual que el metal en contacto con el fuego adquiere las cualidades del fuego [a saber, el calor], así también los sentidos, etcétera, en contacto con el Ser adquieren la cualidad del Ser.

13. Igual que el *rahu* invisible deviene visible cuando es captado por la luna [esto es, cuando entra en contacto con la luna], así el Ser es conocido experimentando los objetos de percepción.

14. Cuando agua y fuego se juntan, adquieren cada uno las cualidades del otro. ¡Asimismo, cuando el Ser y el cuerpo inerte se juntan, el Ser parece el no Ser y el no Ser parece el Ser.

15. Igual que el fuego arrojado sobre una gran capa de agua pierde su cualidad, así también la Conciencia en contacto con lo irreal e inerte parece perder su naturaleza real y deviene inerte.

16. El Ser es realizado en el cuerpo solo con esfuerzo, como obtener azúcar de una caña, aceite de las semillas de sésamo, fuego de la madera, mantequilla de una vaca y hierro de las piedras [esto es, de un mineral].

17. Igual que el cielo visto en un cristal sin romper, el Señor Supremo de la naturaleza de la Conciencia es visto [es decir, existe] en todos los objetos.

18. Igual que una gran lámpara guardada dentro de una vasija hecha de piedras preciosas ilumina con su luz tanto dentro como fuera, así también el Ser único ilumina [todo].

19. Igual que el reflejo del sol en un espejo ilumina [otras cosas], así el reflejo del Ser en intelectos puros ilumina [otras cosas].

20. Aquello en lo cual este maravilloso universo aparece como una serpiente en una cuerda, es el Ser eterno y luminoso.

21. El Ser carece de comienzo o final. Es Existencia y Conciencia inmutables. Manifiesta el espacio. Es la fuente de los *jivas*, y más alto que lo más alto.

22. El Ser es Conciencia pura, eterna, omnipresente, inmutable y autorrefulgente como la luz del sol.

23. El Ser omnipresente, el sustrato de todo, no es diferente de la Conciencia refulgente, como el calor no es distinto del fuego. Solo puede ser experimentado [no puede ser conocido].

24. La Conciencia pura sin intelecto, el Ser Supremo, el iluminador de todo, lo indivisible, que permea [todo] por dentro y por fuera, es el soporte firme [de todo].

25. El Ser es Conciencia absoluta. Es puro darse cuenta, incorruptible, libre de todas las ideas de aceptación o rechazo, y no limitado por espacio, tiempo o género.

26. Igual que el aire del universo lo permea todo, así también el Ser, el Señor, mora sin cuerpo [en toda cosa].

27. La Conciencia que existe en la extensión de la Tierra, en los ornamentos, en el cielo y en el sol, existe también dentro de los gusanos que yacen bajo la tierra.

28. No hay ni esclavitud ni liberación, ni dualidad ni no dualidad. Solo hay un Brahmán, siempre brillando como Conciencia.

29. Darse cuenta es Brahmán; el mundo es Brahmán; los diversos elementos son Brahmán; yo soy Brahmán; mi enemigo es Brahmán; mis amigos y familiares son Brahmán.

30. La idea de una Conciencia y de un objeto de Conciencia es esclavitud; librarse de ella es liberación. La Conciencia, el objeto de la Conciencia y todo lo demás es el Ser; este es el quid de todos los sistemas de filosofía.

31. Aquí solo hay Conciencia; este universo no es sino Conciencia; tú eres Conciencia; yo soy Conciencia; los mundos son Conciencia; esa es la conclusión.

32. Todo aquello que existe y que brilla [esto es, que se sabe que existe] es el Ser; todo lo demás que parece brillar no existe [realmente]. Solo la Conciencia brilla por sí misma. Las ideas de conocedor y conocido son postulados vacíos.

# CAPÍTULO DIEZ
## Nirvana

1. La Beatitud Suprema no puede ser experimentada a través del contacto de los sentidos con sus objetos. El Estado Supremo es aquel en el cual la mente es aniquilada mediante la investigación en una sola dirección.

2. La beatitud que surge del contacto de los sentidos con sus objetos es inferior. El contacto con los objetos de los sentidos es esclavitud; librarse de él es liberación.

3. Alcanza el estado puro entre la existencia y la no existencia y mantente en él; no aceptes o rechaces el mundo interior o el mundo exterior.

4. Depende siempre de esa verdadera realidad que se halla entre lo que siente y lo inerte, que es el corazón infinito como el espacio.

5. La creencia en un conocedor y en lo conocido se llama esclavitud. El conocedor es esclavizado por lo conocido; es liberado cuando no hay nada que conocer.

6. Abandonando las ideas del que ve, lo visto y la visión, junto con los deseos latentes [*vasanas*] del pasado, meditamos en ese Ser, luz primaria que es la base de la visión.

7. Meditamos en el Ser eterno, la luz de luces que se halla entre las dos ideas de existencia y no existencia.

8. Meditamos en ese Ser de Conciencia, el que otorga los frutos de todos nuestros pensamientos, el iluminador de todos los objetos radiantes y el límite más lejano de todos los objetos aceptados.

9. Meditamos en ese Ser inmutable, nuestra realidad, cuya beatitud surge en la mente a causa del estrecho contacto entre el que ve y lo visto.

10. Si se medita en ese estado que llega al final del estado de vigilia y al comienzo del sueño, se experimentará directamente la beatitud incorruptible.

11. El estado semejante a una roca en el que todos los pensamientos permanecen en calma, y que es diferente de los estados de vigilia y de sueño, es nuestro estado supremo.

12. Como barro contenido en una vasija de loza, el Señor Supremo que es existencia y Conciencia semejante al

espacio y beatitud existe por todas partes no separado [de las cosas].

13. El Ser brilla por sí mismo como el océano único de la Conciencia, carente de límites y agitado por las olas del pensamiento.

14. Igual que el océano no es sino agua, el mundo entero de las cosas no es sino Conciencia que llena todos los puntos cardinales como despacio infinito.

15. Brahmán y el espacio son semejantes en cuanto a su invisibilidad, en cuanto a que son omnipenetrantes y en cuanto a su indestructibilidad, pero Brahmán es también Conciencia.

16. Solo existe un único océano sin olas y profundo, de puro néctar, dulce [esto es, beatífico] por todas partes.

17. Todo esto es verdaderamente Brahmán; todo esto es *atman*. No secciones a Brahmán en "yo soy una cosa" y "esto es otra".

18. Tan pronto como se comprende que Brahmán es omnipenetrante e indivisible, se descubre que este vasto *samsara* es el Señor Supremo.

19. Quien cae en la cuenta de que todo es Brahmán verdaderamente deviene Brahmán; ¿quién no se haría inmortal si fuera a beber néctar?

20. Si eres sabio, devendrás este [Brahmán] por tal convicción; si no, incluso si se te dice repetidamente sería [tan inútil como] arrojar [ofrendas] a las cenizas.

21. Incluso si conoces la verdad real tendrás siempre que practicar. El agua no se volverá clara meramente diciendo la palabra "fruto de *kataka*".

22. Si se tiene la firme convicción "soy el Ser Supremo, el incorruptible Vasudeva", nos liberamos; encaso contrario, permanecemos esclavizados.

23. Tras eliminar todo como "esto, no", "esto, no", la Entidad [lit. estado] Suprema que no puede ser eliminada permanece. Piensa "yo soy eso", y sé feliz.

24. Sabe siempre que el Ser es Brahmán, uno y total. ¿Cómo puede aquello que es indivisible ser dividido en "yo soy el meditador" y "lo otro es el objeto de meditación"?

25. Cuando uno piensa "soy Conciencia pura", a eso se le llama meditación, y cuando se ha perdido incluso la idea de meditación, es *samadhi*.

26. El constante flujo de conceptos mentales relativos a Brahmán sin el sentido de "yo", adquirido a través de una intensa práctica de autoinvestigación [*jnana*] es lo que se llama *samprajnata samadhi* [meditación sin conceptos].

27. Que los violentos vientos que caracterizan el fin de los eones [*kappas*] soplen; que todos los océanos se unan,

## CAPÍTULO DIEZ

que los doce soles ardan [simultáneamente]; aun así ningún mal recaerá en aquel cuya mente está extinta.

28. Esa Conciencia que es el testigo de la elevación y caída de los seres sabe que es el estado inmortal de Beatitud Suprema.

29. Toda cosa móvil o inmóvil es solo un objeto visualizado por la mente. Cuando la mente es aniquilada, la dualidad [esto es, la multiplicidad] no es percibida.

30. Aquello que es inmutable, propicio y tranquilo, aquello en lo que este mundo existe, aquello que se manifiesta como los objetos mutables e inmutables, eso es la Conciencia única.

31. Antes de mudar la piel, la serpiente la considera ella misma, pero una vez que la ha abandonado en su agujero, ya no la considera ella misma.

32. Aquel que ha trascendido tanto el bien como el mal no se refrena, como un niño, de actos prohibidos por un sentimiento de pecado, ni hace lo que está prescrito por un sentimiento de mérito.

33. Igual que una estatua está contenida en un pilar [esto es, un bloque], incluso si no ha sido esculpida realmente, así también el mundo existe en Brahmán. Por consiguiente, el Estado Supremo no es un vacío.

34. Igual que de un pilar se dice que carece de la estatua cuando esta no ha sido realmente esculpida en él, así

también se dice que Brahmán está vacío cuando se le priva de las impresiones del mundo.

35. Igual que del agua en calma se puede decir que contiene o no al as olas, así de Brahmán se puede decir que contiene o no al mundo. No es ni vacío ni existencia.

# CONTENIDO

Prólogo ................................................................. 7
Capítulo uno - Desapasionamiento ............................. 9
Capítulo dos - Irrealidad del mundo ........................ 13
Capítulo tres - Las señales que identifican a una
persona liberada (jivan mukta) .................................. 19
Capítulo cuatro - La disolución de la mente ............. 25
Capítulo cinco - La destrucción de las impresiones
latentes ................................................................... 29
Capítulo seis - La meditación sobre el Ser ................ 33
Capítulo siete - El método de purificación ................ 35
Capítulo ocho - La adoración del Ser ....................... 39
Capítulo nueve - Exposición del Ser ......................... 41
Capítulo diez - Nirvana ............................................ 47